AF457135

Turgut

Obra de teatro en cuatro actos

Para ver la obra:
Turgut

Escanea el código QR

Dr. Sultán bin Muhammad Al Qasimi

Turgut

Obra de teatro en cuatro actos

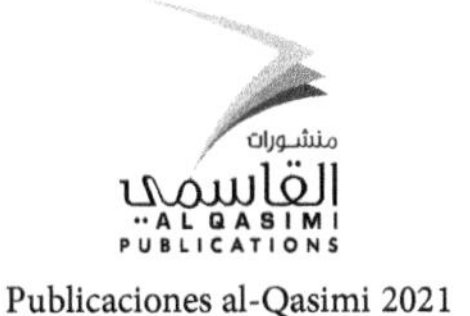

Publicaciones al-Qasimi 2021

Título del libro: Turgut (Obra de teatro en cuatro actos)
Nombre del autor: Dr. Sultán bin Mohammed Al-Qasimi
(Emiratos Árabes Unidos)
Nombre del editor: Publicaciones al-Qasimi
Sharjah, Emiratos Árabes Unidos
Edición: Primera
Año de publicación: 2021
© Derechos reservados:
Reservados a publicaciones al-Qasimi
Sharjah, Emiratos Árabes Unidos

Traducida del árabe Por: Mohamad Nazir Homsi
Texto revisado por: Iván de la Rosa Vives

ISBN 978-9948-469-28-5
Autorización de impresión:
Consejo de medios nacionales Abu Dhabi
No. MC-03-01-5955363, Fecha: 02-04-2021
"El grupo de edad que corresponde al contenido de los libros ha sido clasificado según el sistema de clasificación por edades publicado por el Consejo Nacional de medios"
El grupo de edad: E

Sharjah, Emiratos Árabes Unidos

Publicaciones Al Qasimi, Al Tarfa, Sheikh Mohammed Bin Zayed Road
PO Box 64009 Sharjah, Emiratos Árabes Unidos
Tel: 0097165090000, Fax: 0097165520070
Correo electrónico: info@aqp.ae

Índice

Introducción

En el año 916 d. C., correspondiente en el calendario cristiano al año 1510 d. C., los españoles pudieron aprovechar la oportunidad de la debilidad del príncipe Muhammed bin Lhacène, decimonoveno príncipe de la dinastía Hafsí, gobernante de Túnez, y su preocupación por los placeres.

De la conquista de la mayor parte del norte de África sin ninguna resistencia, dado el desconocimiento de la población sobre el uso de armas, las regiones árabes permanecieron en sus manos durante cuarenta y dos años. Dios dio a estas regiones un hombre de los turcos otomanos, el cual entregó su vida al servicio del islam y los musulmanes y pudo, con su valentía, librar estas áreas de las manos de los españoles. Fue llamado Turgut. Aquí está la historia de su lucha.

El autor

Reparto:
(Por orden de aparición)

Gerente del puerto

Escolta

Dueño del barco

Turgut

Voces

Grupo de marineros turcos

Uno de los líderes turcos

Uno de los soldados turcos

Un grupo de soldados turcos

El segundo comandante de los líderes de los turcos.

Tercer comandante de los líderes de los turcos

Líder corso

Un grupo de soldados corsos

Capitán Gianetti Doria (comandante de la Armada)

Grupo de líderes españoles

El observador del puerto de Génova

Grupo genovés

Almirante Barbarroja

Grupo de la guardia del almirante Barbarroja

Grupo del consejo de Génova

Miembro del Consejo

Segundo miembro del Consejo

Tercer miembro del Consejo

Almirante Andrea Doria

Líderes turcos:

Primer comandante

Segundo comandante

Tercer comandante

Líderes españoles:

El comandante

Soldado (escolta del comandante)

Comandante maltés

Jeque de Djerba

Un emisario

Líderes de la Santa Alianza:

Comandante en Jefe de la Santa Alianza, príncipe Don Juan de la Sarda

Don Álvaro (comandante de las Fuerzas Terrestres)

Un mayordormo

Representante de Malta

Comandante de las tropas sicilianas

Jefe General de los Caballeros Cristianos de Jerusalén en Malta:

Gian de la Valletti

Uno de los soldados

Segundo soldado

Un tercer soldado

Comandante Bayala Pasha

Voces

Voz del narrador

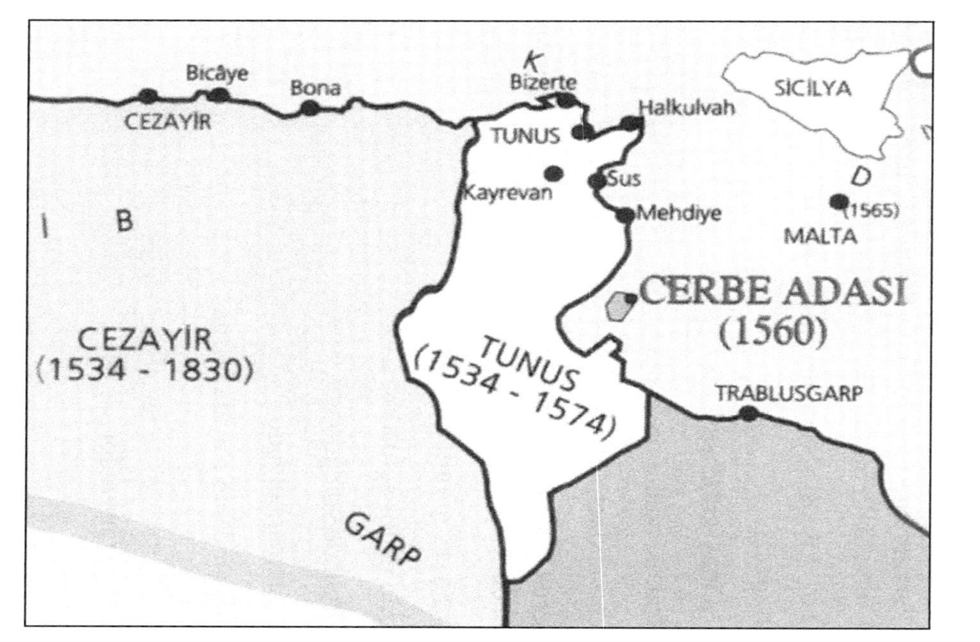

La isla de Djerba

Primer acto

Turgut cae en cautiverio

Primera escena

Lugar: El puerto fortificado de Girolata en la costa de Córcega

Fecha: 1540 d. C.

Escena: Gerente del puerto de Córcega inspecciona los muelles con una escolta, y ante la oficina del gerente hay unas sillas rectangulares.

Gerente del puerto (dirigiéndose al propietario de un barco anclado en el puerto): Buenas noches.

Propietario del barco: Buenas noches.

Escolta: ¿Quién es?

Gerente del puerto: Es el dueño de ese barco, llegó esta mañana.

Escolta (dirigiéndose al director del puerto): Mira, hay barcos grandes entrando al puerto.

Gerente del puerto (después de mirar a los barcos que se acercaban gritando a todo pulmón): ¡Esos son muchos barcos, Dios mío! Turgut... Turgut... Turgut...

El dueño del barco anclado salta de su barco y se sienta en el muelle gritando, luego mira los barcos que se acercan con sus grandes ojos y se vuelve hacia el encargado del puerto: Ya viene... Es un torneo que avanza, ah… ah...

Han llegado... Estamos perdidos...

¡Oh, Dios! Viene... ¡Bendito el que se sobreviva!

Vi los cañones arrojar su munición como si de lava se tratase... y allí, un barco fue tragado por las poderosas olas del Mediterráneo y de él emanaban llamas rojas. Venía... Viene... Bueno para los que huyeron y la misericordia es de los dioses para los que no pudieron huir. ¡Ah, Turgut! Lo difícil que es escapar de ti y lo difícil que es enfrentarte.

¡Es inútil!

Gerente del puerto (tratando de calmar al dueño del barco anclado): Tómalo con calma. Turgut no te hará daño.

El Dueño del barco: ¿Por qué vino Turgut hasta aquí? ¿Por qué...?

Gerente del puerto: Suele ir a nuestra isla de Córcega y elige en ella el puerto de Girolata después de perseguir a los piratas y las flotas europeas. También venía a descansar, y cuando el tiempo se lo permite, a asegurar algunas de las necesidades de su flota en este pequeño puerto fortificado por ambos lados. La gente de este puerto somos cristianos. Hemos tratado previamente con Turgut, sin hacernos daño.

Después de un poco de silencio...

Gerente del puerto: Llegó Turgut... Vamos a recibirle.

Un turco enorme, de anchos hombros, viste un traje turco, entra y pisa con firmeza el suelo.

Gerente del puerto: Gracias a Dios por su llegada segura.

Turgut: Gracias a Dios... Gracias a Dios.

Gerente del puerto (pidiendo a Turgut que se siente en la silla): Por favor, Turgut.

Turgut se sienta en la silla rodeado por el gerente del puerto, la escolta y el dueño del barco.

Dueño del barco (le dice a Turgut): Se dice que eres un pirata, pero pareces un líder. ¿Por qué te describieron así?

Turgut: Nací en un pueblo se llama Bodrum en Turquía el año 1485 d. C. Y estamos ahora en el año 1540 d. C. Así que ahora tengo unos 56 años. Nuestro pueblo estaba a la orilla del mar, por eso amo el mar desde mi niñez, y a los siete u ocho años comencé a aprender tiro con arco, lucha libre y lucha con espadas. Solía dar un paso rápido cada vez que veía un barco que se acercaba o pasaba, lanzándome al agua como si fuera a alcanzarlo o abrazarlo, hasta que me uní a uno de los barcos piratas y comencé a aprender la disciplina marina. Después de eso, compré un barco y comencé a atacar a los enemigos con él.

Estaba oscureciendo, así que Turgut pidió irse.

Turgut (dirigiéndose al gerente del puerto): No olvides brindarnos a primera hora de la mañana agua, verduras y frutas porque navegaremos temprano en la mañana.

Fundido a negro completo

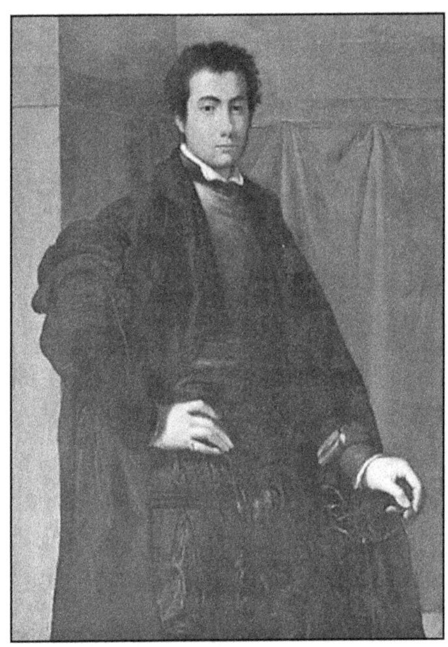

Gianetti Doria

Segunda escena

Escena: Puerto de Girolata. Al amanecer tras la noche que Turgut pasó allí en el puerto.

El puerto estaba en silencio, excepto por los sonidos de pequeñas olas rompiendo contra barcos y muelles.

Turgut se paró en un banco en el muelle y comenzó a fijar sus ojos en los barcos que componen su flota. Había decidido dejar el puerto al amanecer de ese día.

Mientras sus marineros se preparaban para navegar, limpiaban sus armas y sus barcos y preparaban el desayuno de la mañana. Turgut notó movimientos sospechosos.

Podía escuchar algunos sonidos, el movimiento de las olas y un leve ruido.

Turgut llama a sus amigos y les dice:

¡Vamos... Vamos! ¡Nuestro sustento nos llegó sin buscarlo!

Un marinero (mientras vuelve su mirada hacia donde está mirando Turgut): ¡Un barco hostil!

Turgut (da sus órdenes): El tiempo pasa volando... ¡Si nos ven, se irán corriendo! ¡Déjame sorprenderlos y arrestarlos! No hay tiempo para tirar de las anclas, invitarlos a entrar al mar y seguir adelante... ¡Vamos!

Turgut abandona el escenario. Movimientos rápidos aquí y allá.

Los marineros turcos están a punto de zarpar. Un marinero observa el barco enemigo.

Un marinero (se dirige a un colega): Mira... Mira... El barco se ha convertido en muchos barcos, observa nuestros barcos, ¡No se escapa de nosotros!

Otro marinero: ¡Avanza hacia nosotros, cruzando el estrecho del puerto!

Turgut (desde la lejanía): Agrupad todos los barcos de nuestra flota alrededor del barco del comandante, para abrirme camino y poder pasar esta poderosa flota. Camaradas, adelante... ¡Adelante!

Uno de los líderes de Turgut (rumbo al buque insignia):

¡Mire más allá de ese enorme barco! ¡Son diez barcos! ¡Diez barcos!

Inmediatamente los cañones comenzaron a disparar masivamente desde ambos lados...

Y el cielo fue perturbado por el sonido de los cañones, los gritos de guerra, y la llamada de «Dios es grande», «Dios es grande», "Dios es grande».

Se produce un feroz enfrentamiento entre las dos partes.

Uno de los comandantes turcos con un grupo de soldados, a la izquierda del escenario, otea hacia el lado de la batalla.

Comandante: ¡La nave de mando, en la que se encuentra Turgut está atrapada entre dos grandes naves por ambos lados!

Uno de los soldados turcos: ¡Las fortificaciones nos disparan!

Uno de los líderes (mirando a la batalla): ¡La nave de mando en la que se encuentra Turgut está ardiendo! ¡Y se hunde en el mar!

¡Y Turgut está dentro! ¡Vamos a tierra! Vamos!

El grupo se dirige hacia la izquierda del escenario y desaparece.

Luego, fuertes tarareos provenientes de su lado:

Voces (tarareando): Hmhm hm... Hmhhhmhhm hhhhhhm.

Entonces el grupo vuelve al escenario.

Uno del grupo: Son los corsos, son miles, armados con hachas y armas.

Los corsos entran al escenario, mientras el grupo

retrocede... y cuando llegan al otro lado del escenario les llegan otros zumbidos, y vuelven a la parte de atrás.

Uno del grupo turco (con miedo): Los que están en las fortificaciones han caído... ¡Y aquí están blandiendo sus armas en nuestras caras!

Voces (tarareando): Hmhmhm... Hmhhhm hhmhhhhhhm.

Los corsos que estaban en las fortificaciones entran en escena, y los turcos quedan rodeados por un lado por los que descendieron de las fortificaciones y por el otro lado por miles de corsos.

El líder corso (dirigiéndose al grupo turco): ¡Tirad las armas!

El grupo turco arroja las armas al suelo.

El líder corso (dirigiéndose a su grupo): ¡Atadlos con cuerdas!

Los corsos atan a los turcos con cuerdas.

Líder corso: ¡Ahora les cortarán las orejas y la nariz!

Comienzan las peleas y los gritos. Mientras tanto, llega el Capitán Gianetti Doria, un joven de menos de veinte años de edad y lampiño:

Gianetti Doria: ¡¡¡Detengan esta farsa!!!

El líder corso interviene.

Líder corso: ¿Quién eres tú?

Gianetti Doria: Soy el capitán de la flota española.

Líder corso: El capitán de la flota española es Andrea Doria.

Gianetti Doria: Andrea Doria es mi tío. ¡¿Quién eres tú?!

Líder de los corsos: ¡Soy el líder de los corsos! Pero... ¡¿Dónde está Andrea Doria?!

Gianetti Doria: Turgut continuó navegando por el mar Mediterráneo capturando flotas cristianas, y como resultado, los mejores barcos cayeron bajo su yugo causando auténticos estragos, lo que enfureció a los países cristianos, que comenzaron a pensar seriamente en arrestarlo y deshacerse de él. Mientras tanto, le dije a mi tío Andrea Doria, que ahora preside el Senado de Génova, que me deje estar al frente de la fuerza que iría contra Turgut, mi tío estuvo de acuerdo y me dio diez barcos. Y elegí a diez de los líderes más experimentados para que estuvieran conmigo.

Las voces y los soldados cesan.

Turgut entra al escenario con las manos encadenadas, sus ojos están casi cerrados y lo llevan a la boca del escenario.

Los corsos se empujan con los líderes españoles para ver a Turgut.

Turgut (dirigiéndose a la audiencia): ¡Ah! ¿Qué puedo hacer? Este es mi destino... Lo que hace que el horror de la calamidad sea menos fácil, es que caí prisionero de ese famoso líder.

Turgut se vuelve hacia atrás, inspeccionando a todos en el escenario, pero no encuentra al que busca.

Turgut: ¿Dónde está Andrea Doria? ¿Dónde está el anciano de pelo blanco?

Gianetti Doria se acerca y dice: Soy el comandante Gianetti Doria. En cuanto a Andrea Doria, es mi tío. ¡Y no vino con nosotros!

Turgut miró fijamente a Gianetti Doria, sin creer lo que veían sus ojos por la intensidad del asombro, por lo que estalló en ira y enfado y rugió en voz alta:

Turgut: ¡¿Es así como caigo?! ¡¿En manos de un niño lampiño?! ¡Ironía, destino! ¡Qué vergüenza!

Esas rotundas palabras y las miradas burlonas de Turgut hicieron que Gianetti Doria se sintiera ofendido y menospreciado. Luego soltó un improperio y caminó desde su lugar acercándose a Turgut, encadenado con esposas de hierro, y levantó la mano para abofetearlo.

Y antes de que esa mano levantada cayera, las venas de Turgut parecían estallar de ira, por lo que Turgut escupía constantemente en la cara de Gianetti y le gritaba.

Turgut: ¡No es propio de los hombres insultar a un prisionero, especialmente si tiene las manos atadas! ¡Y es por vergüenza que le hizo daño! Así que te escupo y esta es la pena para los bastardos y los malvados.

Gianetti Doria atacaba a Turgut con su espada, con toda la crueldad de su ira.

Pero Turgut, con todas sus fuerzas, pateaba al joven capitán Gianetti Doria en el estómago y este cayó de espaldas inconsciente.

Entonces los comandantes y oficiales españoles atacaron a Turgut, y él los repelió con cabezazos, con el pecho y dando patadas hasta que se rasgó la ropa, se enrolló el turbante. Se agotaron sus fuerzas, hasta que volvieron a apretarle las cadenas y las cuerdas de nuevo.

Gianetti Doria (después de volver en sí): Llevadlo a las galeras y atadlo a las cadenas de pesados remos.

Así los soldados españoles tiraron de Turgut con cadenas hacia las galeras.

Después de eso, Gianetti Doria se levantó y se ajustó el ropaje.

Gianetti Doria (dirigiéndose a sus soldados): Vamos, prepárate para navegar hacia Génova.

Fundido a negro

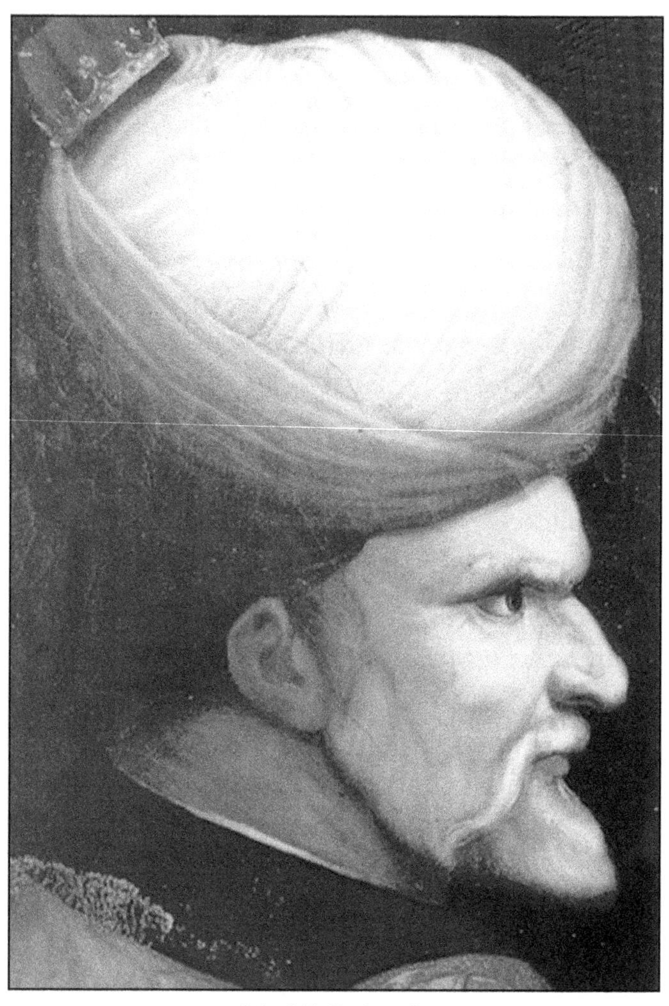

Jeireddín Barbarroja

Segundo acto

Alivio de Turgut del cautiverio

Primera escena

Lugar: Puerto de Génova, Italia.

Fecha: 1543 d. C.

Escena: El observador del puerto de Génova, mirando a través de un catalejo al mar y dirigiéndose a la gente de Génova.

Observador del puerto de Génova: ¡Oh, gente de Génova!, muchos barcos de guerra han entrado en el puerto, están enarbolando las banderas otomanas, las de la majestuosa flota otomana de la que están hablando.

La gente de Génova se reúne y un gesto de terror aparece en sus rostros, temiendo que la flota otomana queme su ciudad y la destruya.

Se escuchan ruidos y pasos.

El almirante Barbarroja llega al muelle junto con un grupo de sus guardaespaldas.

El observador del puerto de Génova se acerca al almirante Barbarroja.

Observador del puerto de Génova: Soy el observador del puerto, ¿Qué quiere usted?

El Almirante Barbarroja: Soy el almirante otomano Khairuddin Barbarroja.

(Barbarroja mira a la izquierda y a la derecha)

¿Dónde están los funcionarios en este país?

Observador del puerto de Génova: Cuando los miembros del Consejo de Notables de la ciudad vieron su llegada, inmediatamente se reunieron y deberían de haber vuelto aquí.

Al rato, el vigilante del puerto se da la vuelta al escuchar un ruido y unos pasos...Y un grupo de hombres aparece en el escenario, uno de ellos con una bandera blanca.

Observador del puerto de Génova: ¡¡Aquí llegan!!

Un miembro del Consejo (dirigiéndose a Barbarroja): Nos reunimos y tomamos la decisión de responder a todas sus demandas, a condición de que nuestra ciudad quede a salvo de cualquier destrucción.

Otro miembro del Consejo (avanzando hacia Barbarroja): ¡Le pedimos que esté seguro! No haga de nuestra ciudad objetivo del fuego de sus cañones.

Y puede usted coger todo lo que quiera.

Tercer miembro (rendido): ¡Estamos listos para llenar vuestros barcos de dinero y riquezas y dárselos a usted, y déjenos en paz!

El almirante Barbarroja no prestó atención a esa oferta, sino que cerró los ojos y, apretando los puños, dijo:

Almirante Barbarroja: Os pregunto qué es más valioso que vuestros dones, vuestro dinero y vuestro tesoro, y no me iré sin él, de lo contrario vuestra ciudad, vuestras iglesias y vuestros hogares caerán sobre vuestras cabezas. ¡Aquí están mis soldados esperando mis órdenes para comenzar la guerra!

El miedo se reflejaba en los rostros de los miembros del Consejo de la ciudad.

Un tercer miembro del Consejo (preguntando vacilante): ¿Qué le agradaría, almirante Barbarroja?

Almirante Barbarroja (con confianza y determinación): Quiero a Turgut... Suéltalo, entrégamelo, ¡Y no te causaré ningún mal!

El ruido y los sonidos se superponen.

Los miembros notables de la ciudad iniciaron consultas entre ellos.

Un tercer miembro del consejo (dirigiéndose a Barbarroja): El asunto de Turgut es con el presidente del Consejo. Ven con nosotros al palacio para discutir con él el tema de la liberación de Turgut.

Almirante Barbarroja: ¡Bueno, vamos!

El grupo de consejeros sale de escenario, seguido por el almirante Barbarroja y sus guardaespaldas detrás de él.

Fundido a negro

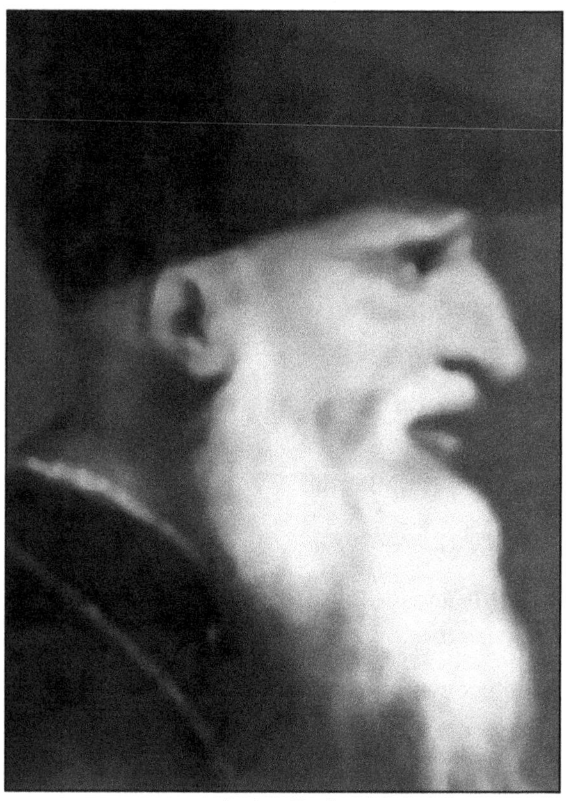

Andrea Doria

Segunda escena

Vista: Palacio del Senado de Génova.

El almirante Andrea Doria, con su larga barba blanca, aparece esperando la llegada del almirante Barbarroja.

Un miembro del Consejo de Génova (dirigiéndose al almirante Andrea Doria): Debemos estar de acuerdo con sus solicitudes, porque vino con una flota de doscientos diez barcos.

Aquí es donde entra el almirante Barbarroja.

Almirante Barbarroja (se detiene al entrar y comienza a mirar a su oponente, el almirante Andrea Doria y luego, momentos después, asombrado, grita):

¡¿Qué ven mis ojos?!... ¡¿Almirante Andrea Doria?!

Almirante Andrea Doria (con igual asombro,

sonríe, mientras se acerca a él y le dice como si no reconociera a Barbarroja): ¡¿ Qué ven mis ojos?!.... ¡¿Almirante Barbarroja?!

Los dos rivales se dan la mano.

Almirante Barbarroja (con satisfacción): Finalmente, después de años de lucha, ¡Hoy nos reunimos en paz!

(Momentos después)

Almirante Barbarroja (dirigiéndose al almirante Andrea Doria): ¿Por qué tanta terquedad?

(Un momento de silencio)

¿Tres años y Turgut, está todavía en las galeras?. Y si se enfermaba, ¿Lo meterían en la cárcel?

Ofrecí darte dinero ¡Pero mis repetidos intentos en este sentido fueron infructuosos! ¡Te ofrecí cambiarlo por miles de prisioneros cristianos que están en poder de los árabes musulmanes en Argelia, pero eso tampoco ayudó!

(Con empeño y firmemente): ¿Ahora qué quieres?

(Silencio)

Almirante Barbarroja (se mueve en dirección a Andrea Doria hasta que se sitúa frente a él): ¡Te ofrezco proteger tu ciudad de otros enemigos si es necesario!

Almirante Andrea Doria (dirigiendo a Barbarroja a los presidentes del Consejo): ¡Por favor escribe! Siéntate, hasta que podamos discutir el tema de la liberación de Turgut.

Los dos se sientan en las lujosas sillas. Discuten en voz baja el tema de la liberación de Turgut. Luego los dos se levantan y se dan la mano.

Almirante Andrea Doria (dirigiéndose a los miembros del consejo): Hemos acordado entregar Turgut a cambio de tres mil quinientas liras de oro.

Un gesto de alivio apareció en los rostros de los miembros del Consejo.

Almirante Barbarroja (dirigiéndose al Consejo): ¡El intercambio será en el puerto!

Los dos oponentes se despiden. Los miembros del consejo saludan y se despiden a Barbarroja, quien se marcha con sus guardias.

Fundido a negro

Tercera escena

Vista: Puerto de Génova.

Parados en la acera están el almirante Barbarroja y sus guardaespaldas por un lado, y miembros del Consejo por el otro.

Turgut entra con ropas raídas, y visiblemente cansado.

Tan pronto como el almirante Barbarroja ve a Turgut, corre hacia él y lo abraza, y los guardias del almirante también se vuelven hacia él. Todos parecen alegres.

Turgut examina lentamente el puerto con su mirada.

Turgut (dirigiéndose al almirante Barbarroja): ¿Qué son todos estos barcos?

Almirante Barbarroja: Es la flota otomana, con doscientos diez barcos, la que custodia el sultán Solimán "el Magnífico" para ayudar a nuestra aliada Francia contra los españoles.

En mi camino de regreso de allí, decidí sacarte de la cárcel.

(Palmea feliz a Turgut en el hombro)

Almirante Barbarroja (preguntando a Turgut): ¿Cómo pasaste tanto tiempo en las galeras?

Turgut: Me vio mientras estaba en las galeras del "Lolita". Creo que lo conoce, el que era famoso por defender Malta contra los otomanos. Me dijo sarcásticamente: "Sr. Turgut, tómeselo con calma, estamos en guerra. ¡Así es!"

Le respondí diciendo: "No te preocupes, estas son las cosas del destino, y los barcos que navegan por los mares".

(Se vuelve hacia el almirante Barbarroja y le dice): ¿Sabes lo que eso significa? ¡Lolita estuvo una vez condenado a remar en mi barco!

Almirante Barbarroja (atento a la llegada de sus soldados): ¡Aquí llega el dinero!

Barbarroja recoge la bolsa de dinero, la revisa y se la entrega a un miembro del Consejo.

Los miembros del Consejo salen.

Almirante Barbarroja (dirigiéndose a los presentes): Turgut es más inteligente que yo y agradezco a Dios por haberme permitido salvarlo.

Barbarroja regresa a Turgut y se dirige a él con alegría y satisfacción: Mi nave de apoyo es un regalo para ti con toda su tripulación y cañones.

(Silencio)

También hay diecinueve capitanes con sus barcos bajo tu mando.

(Silencio)

(Entonces dijo muy serio): Amigo mío, ¡Deberías expulsar a los españoles del norte de África!

Fundido a negro

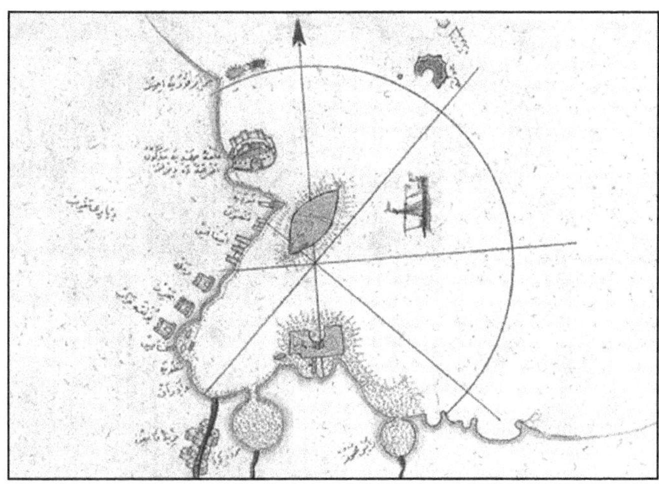

Castillo de Mahdia, que muestra la isla de Djerba, con un canal de agua poco profundo

Tercer acto

El truco de la isla de Djerba.

Primera escena

Escena: En el fondo del escenario hay una gran cortina que representa el mapa de la isla de Djerba como si continuara la escena, y muestra la vía fluvial. A la derecha de la boca del escenario hay una colina sobre la que se erige la tienda de Turgut.

Entran dos comandantes hablando hasta llegar cerca de la tienda de Turgut, y cuando entra un tercer comandante, uno de los dos comandantes le dice al Tercer Comandante:

Primer Comandante: ¿Dónde están los demás comandantes?

Tercer Comandante: No son necesarios. El almirante escucha más de nosotros de lo que escucha de ellos.

Primer Comandante: ¡¡Ahora estamos en una dilema!! ¡¡¡No tiene salida!!!!

Segundo Comandante: ¡¡Estamos atrapados!!

Tercer Comandante: Nuestra flota está atrapada entre las aguas poco profundas en el sur del estrecho y en el norte donde está la entrada, y Andrea la ha bloqueado periódicamente con su enorme flota. Y al nordeste está la isla de Djerba y el continente. ¿Quién aconsejó a Turgut que entrara al puerto de Qantara?

En ese momento, Turgut sale de su tienda.

El primer comandante se da cuenta, y se dirige a sus dos compañeros:

Primer Comandante: ¡El almirante Turgut viene hacia nosotros!

Almirante Turgut: Venid conmigo a la colina camaradas, para ver la flota enemiga.

Caminan un poco. Luego el almirante Turgut se detiene.

Almirante Turgut (dirigiéndose a los comandantes): Desde el año 1544 d. C., después de que Barbarroja me diera barcos y comandantes, después de librarme del cautiverio y desde hace seis años, no quedaba puerto ni flota en el Mediterráneo que yo no atacara. En el año 1550 d. C., liberé a Mahdia, Sfax, Sousse y Monastir, en Túnez, de manos de los españoles. tenía mi base en Mahdia sin una fortaleza. Pero cuando los franceses la capturaron ese año, demolieron su castillo. Entonces murió Barbarroja y nombré a su sucesor comandante de la flota otomana en el Mediterráneo. Por lo que mis ataques fueron más fuertes y dolorosos en todas partes.

Los franceses y los europeos se sintieron en peligro, así que ordenaron a Andrea Doria que navegara con toda su flota para detenerme, vivo o muerto. Mirad allí, el viejo Andrea con su flota de ochenta buques de guerra.

Turgut agachó la cabeza un rato sin moverse, y sus comandantes se reunieron a su alrededor, pero no notaron en su rostro ninguna señal que indicara ni desesperación ni esperanza, por lo que uno de los comandantes se apresuró a decir:

Segundo Comandante: ¡Dios mío, es una lástima! ¡No hay duda de que estos infieles nos capturarán a todos!

Entonces Turgut se volvió con firmeza y frunció el ceño.

Almirante Turgut (respondiendo al segundo comandante): No, definitivamente. ¡Las galeras de los cristianos no tienen límites! ¡Mis manos nunca más volverán a remar de nuevo!

Parecía que al almirante Turgut le habían llevado a pensar en una salida ante la situación militar marítima en la que se encontraba, señalando con la mano la vía fluvial en el mapa del fondo del teatro.

Almirante Turgut: Mirad esa ruta fluvial... ¡Observad cómo les voy a enseñar a estos idiotas una lección que nunca olvidarán! ¡Mirad!

(Y con confianza se dirige a los comandantes)

Vamos, hijos míos, uno de vosotros irá a reunir a la mayor cantidad de población posible. Y vosotros cortad las raíces de los árboles y acercadlos a la parte poco profunda de la vía fluvial. Y los demás, empezad a disparar con fuerza contra los barcos de Andrea Doria. Cuando se alejen, hacemos avanzar los cañones, para que el fuego les obligue a alejarse de la entrada del mar. ¡Vamos!

Los cañones comienzan a disparar y el telón cierra la escena.

Segunda escena

Escena: En la boca del escenario, delante del telón.

El viejo almirante Andrea Doria se mueve de un lado a otro en la parte delantera del escenario, colocando ambas manos detrás de su espalda, bajando su cabeza pensativo y angustiado.

Uno de los comandantes de Andrea Doria y otro soldado se acercan. El comandante le dice al soldado:

Comandante: ¡Este es el almirante Andrea Doria!

Se vuelve hacia el almirante Andrea Doria y le dice:

¡Anímese almirante Andrea Doria!

Almirante Andrea Doria: Le escribí al comandante de la isla de Sicilia pidiéndole que me enviara una fuerza militar de infantería y mencioné en mis cartas que capturé a este líder pirata llamado Turgut, que disparó contra nuestras casas durante varios años. Le dije que lo rodee con sus barcos y hombres pero hasta ahora no han llegado ni la infantería ni los suministros.

Almirante Andrea Doria (se mueve mirando hacia el mar que está en dirección a la audiencia mientras observa fijamente): Espera conmigo la llegada de la infantería. Mira...

El almirante y el comandante miran hacia la audiencia, esperando encontrar suministros provenientes de Europa.

De repente, una persona entra en escena entre la audiencia y levanta una bandera de colores.

El almirante Andrea Doria le señala y dice: ¡Se acerca un barco! ¡Es uno de los barcos de los Caballeros de Malta!

Cuando la persona que viene del lado la audiencia llega a la boca del escenario, el almirante Andrea Doria le pregunta.

Almirante Andrea Doria: ¡¿Cuáles son las noticias?!

Comandante maltés: Las noticias son inquietantes. ¡Lamento ser yo el portador!

Almirante Andrea Doria: ¡Sube al barco con nosotros!

El comandante y su escolta avanzan y suben al escenario al capitán maltés.

Almirante Andrea Doria (se dirige al comandante maltés, sorprendido): ¿Noticias incómodas? ¿Sufrió algún mal el ejército que enviaron? ¡Noticias realmente inquietantes si ese fuera el caso!

Comandante maltés: ¡No, es peor que eso!

Almirante Andrea Doria: ¡¿Peor que eso?!

La voz del almirante Andrea Doria suena sombría y molesta.

Almirante Andrea Doria: Deben enviarme ayuda... ¡El lobo está en la jaula!

Comandante maltés (confundido): Quiero decirle, señor, que Reis Turgut está ahora en el mar ¡Con todos sus barcos!

Entonces cambió el semblante del almirante Andrea Doria y los que estaban con él y se sorprendieron. Todos mostraron signos de decepción, coreando:

Comandantes: ¡¿Turgut en el mar?!

¡¿Turgut en el mar!?

¡¿Como es posible?! ¡¿Como es eso?!

Comandante maltés: (tratando de ocultar su confusión): Nos atacó... ¡Y por poco no lo contamos!

Almirante Andrea Doria (en alboroto, combinado con miedo): ¡Santa María! ¡Santa María!

¿Turgut en el mar? Eso no puede ser...

¡¿Cómo es eso?!

Almirante Andrea Doria (señalando al puerto dice): ¿Está aquí? ¿Está apostado con sus barcos allí?

(Dirige su discurso al comandante maltés, en tono escéptico)

Los barcos que has visto deben haber sido barcos de otra flota.

Comandante maltés: ¡No! ¡No! Conozco muy bien el barco de Turgut, ya que he visto con mis propios ojos su bandera, la que suele izar en su mástil.

Almirante Andrea Doria (preguntándose): ¡¿Cuántos barcos había con él?!

El Comandante maltés: Diez galeones y varias fragatas.

El almirante Andrea y los que lo acompañan se miran asombrados y el comandante maltés repite sus palabras nuevamente.

El Comandante maltés: ¡Diez galeones y varias fragatas!

Almirante Andrea Doria: ¡No puede ser!

¡Es un truco de ese diablo que está aquí!

¡Quizás dio instrucciones a sus camaradas para que maniobraran con tal de sacarnos de aquí!

Quizás...

El almirante Andrea Doria se preocupa, pero oculta sus sentimientos por un momento, diciendo:

Almirante Andrea Doria: ¡Vayamos al puerto!

Fundido a negro

Tercera escena

Escena: El telón se abre mostrando el mismo escenario que estaba presente en la primera escena.

En el fondo del escenario hay una gran cortina que representa el mapa de la isla de Djerba, como si continuara la escena.

A la derecha de la boca del escenario hay una colina sobre la que se erige la tienda Turgut.

El almirante Andrea Doria y sus compañeros avanzan con cautela, temerosos de abrir fuego contra ellos.

El almirante Andrea Doria se frota los ojos con asombro, esperando descubrir los efectos de la flota estacionada en el puerto.

De repente, los ojos de Andrea Doria se posaron en la tienda de Turgut, y la vio vacía y sacudida por el

viento sobre la colina, como burlándose de los invasores que se acercaban.

Mientras el almirante Andrea Doria se encuentra en ese estado, un hombre portando una bandera blanca entra, se le acerca y se dirige a él.

Hombre: Soy el jeque de Djerba y estoy dispuesto a aceptar cualquier cosa que se me ofrezca.

Almirante Andrea Doria: ¿Dónde está Turgut? ¿Dónde está?

El jeque de Djerba señala el horizonte lejano y dice:

Jeque de Djerba: ¡Navegó con todas su flota!

Almirante Andrea Doria: ¡No puede ser! ¿Cómo ocurrió eso?

Jeque de Djerba: ¡Cruzó la isla por un canal poco profundo!

Almirante Andrea Doria: ¡Eso es imposible! ¿Con esos enormes barcos? ¡¿Cómo?! ¡¿Cómo?!

Jeque Djerba: Hizo un piso sólido con troncos de árboles y remolcó sus barcos hacia el mar abierto.

Mensajero (entra apresuradamente): Andrea... Andrea... ¡Una desgracia! ¡Una calamidad!

Almirante Andrea Doria: ¿Qué tienes?

Mensajero: Cuando le escribiste al comandante de la isla de Sicilia que Turgut estaba en tus manos, los príncipes, comandantes y nobles se levantaron allí y abordaron un barco que pertenecía al comandante de la isla de Sicilia y asistieron a la ceremonia de rendición de su archienemigo, para regodearse con él y responder a su llamada. Y mientras se dirigían a Djerba, Turgut atacó su barco y se apoderó de él ¡Y de todos los líderes, maestros y nobles en él había!

El almirante Andrea Doria se golpea la cabeza con ambas manos, tambaleándose por el horror de la conmoción. Luego camina arrastrando los pies y tropieza.

Almirante Andrea Doria:

¡Oh, ese diablo de Turgut!

¡Oh, ese diablo de Turgut!

¡Oh, ese diablo de Turgut!

Fundido a negro

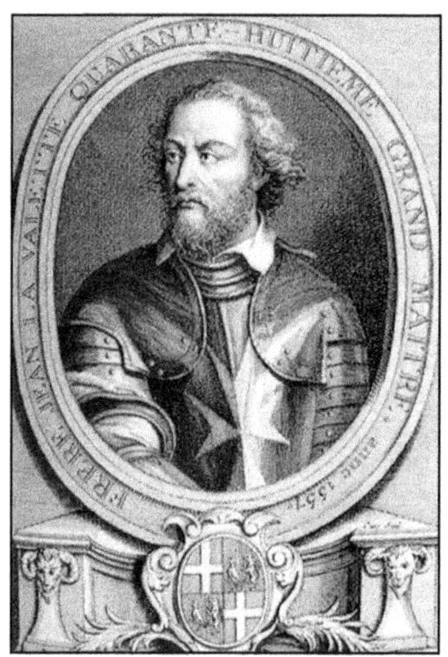

Gian de la Valletti

Cuarto acto
Batalla de Djerba.

Primera escena

Santa Alianza.

Escena: Reunión de líderes de la Santa Alianza en Malta.

Un salón con siete sillas colocadas en semicírculo. El comandante y el resto de los miembros se sientan en el medio y en el lado opuesto un emisario se sienta en otra silla.

Emisario (de pie y leyendo una hoja): El primer encuentro de las Sagradas Escrituras en Malta, enero de 1560 d. C. Y como partícipes de esta alianza:

España, representada por el Virrey de Sicilia Don Juan de la Cerda, como comandante en jefe de esta misión

El Virrey de Sicilia, Don Juan, se pone de pie, saluda a los presentes y luego se sienta.

Emisario: Almirante Juan Andrea Doria, representante de Génova, hijo del famoso comandante Andrea Doria, comandante de la Armada.

Un hombre de veinte años se pone de pie, saluda a los dos presentes y luego se sienta.

Emisario: ¡Representante de Malta!

Una persona se pone de pie, saluda al resto los asistentes y se sienta.

Emisario: ¡Comandante de las fuerzas sicilianas!

Una persona se pone de pie, saluda a los oyentes y se sienta.

Emisario: No hay ningún representante de Venecia y Francia, pero sus fuerzas se están asociando secretamente con nosotros.

(Un momento de silencio)

Emisario: El general en jefe de los Caballeros Cristianos de Jerusalén en Malta, Jean de la Vallette, vino a honrarles y reverenciarles, así como a participar en la campaña, ya que fue gobernador de Trípoli antes de que los turcos la ocuparan.

Una persona con el atuendo de un capellán, se pone de pie.

Emisario: El comandante en jefe de esta misión, el Virrey Don Juan de la Cerda.

El Virrey Don Juan de la Cerda se pone de pie y lee una hoja de papel.

Trípoli estaba en manos de los Caballeros Cristianos de Jerusalén. A mediados de agosto del año 1551 d. C, Sinan Pachá pudo recuperar Trípoli y expulsar de ella a los Caballeros Cristianos de Jerusalén. A partir de esa fecha, los Caballeros Cristianos de Jerusalén han solicitado al rey Felipe II, rey de España, que conquiste Trípoli, el cual ordenó la formación de una alianza sagrada uniendo las fuerzas navales y terrestres, nombrándome comandante de ese ejército para ocupar Trípoli.

Jean de la Valette (bendiciendo a todos): ¡Dios les bendiga!

Fundido a negro

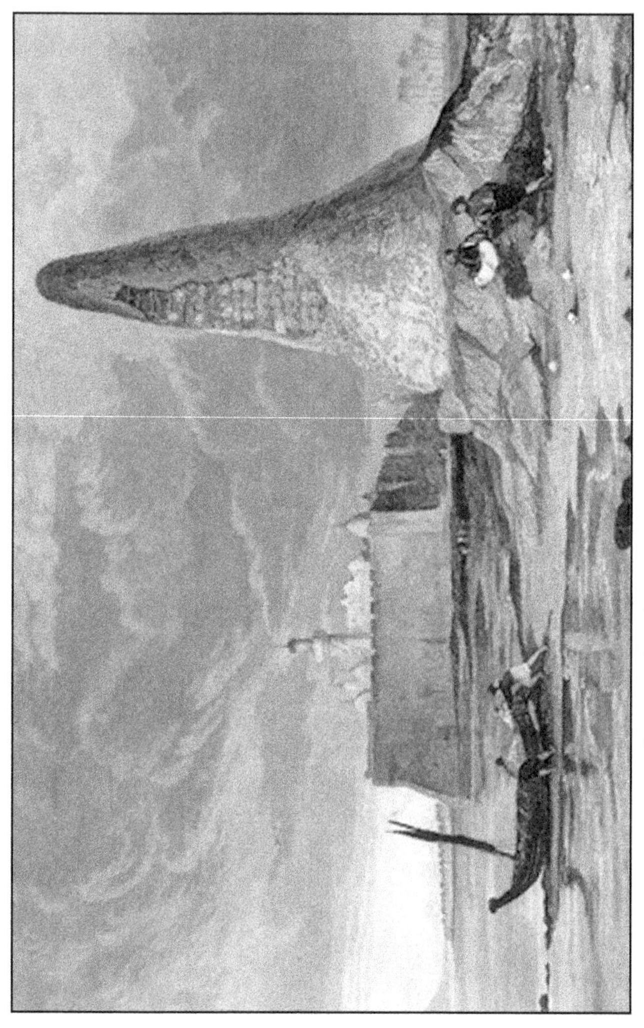

La torre de cabezas cortadas en la isla de Djerba

Segunda escena

Anclar, en la isla de Djerba.

Escena: La isla de Djerba.

Al fondo del escenario se puede observar la pintura de la isla de Djerba (que ya apareció en el tercer capítulo).

Los líderes están sentados, hablando de lo que les ha sucedido desde que se mudaron de Malta.

Almirante Juan Andrea Doria: La mala suerte nos ha perseguido desde el inicio de la campaña, ya que llevábamos diez semanas de retraso, durante las cuales mil quinientos soldados murieron debido a una enfermedad.

Comandante Don Juan de la Cerda: Mi misión era ocupar Trípoli y después del desembarco nos retiraríamos, pero si nos hubiéramos quedado, habríamos podido hacer frente a esas fortificaciones que Turgut había construido alrededor de Trípoli.

Almirante Juan Andrea Doria: Incluso aquí mi mala suerte todavía me persigue.

Muchos barcos que flotaban en la isla encallaron en la arena, por lo que todos mis intentos fracasaron.

Don Juan de la Cerda (volviéndose hacia Don Álvaro): ¿Has terminado de construir el castillo de Djerba?

Don Álvaro (de mala gana): ¡Está casi a punto!

Don Juan de la Cerda: ¡¿Tienes miedo?! ¡¿Por qué habrías de tener miedo?! ¡¿De qué estás asustado?!

¿Le tienes miedo de la gente de esta isla adormecida?

¡Al principio, los campesinos y granjeros de Djerba ofrecían resistencia!

Ahora ellos, mientras observan a estas multitudes, deberían ser razonables. ¡No harán nada!

Don Álvaro: Escuché que la flota otomana está cerca de las playas.

Uno de los líderes entra confundido y presa del pánico, al escuchar lo que dice Don Álvaro le acusa diciendo:

Uno de los líderes: ¡¿Cerca?! Mira... Mira... Mira... ¡Ya vienen! ¡Es la flota otomana!

Los cañones comienzan a disparar, produciendo conmoción y caos en el lugar.

La isla está alborotada y el pánico invade a las fuerzas de la Santa Alianza.

Entonces, uno de los soldados entra gritando.

Uno de los soldados: ¡Mirad! ¡Doria recogió a los genoveses, los abordó y huyó!

Otro soldado (entra asustado): ¡Mirad! Don Juan, el comandante español, también monta soldados en sus barcos y escapa.

Un tercer soldado (gritando de pánico): ¡Aquí, los otomanos descienden a la isla!

¡Oh, Dios mío! ¡Oh, Dios mío!

Caos masivo entre las fuerzas restantes de la Santa Alianza.

Los cañones continúan disparando y se produce un fundido a negro.

Tercera escena

Torre de cabezas.

Escena: La isla de Djerba está bajo el control de la flota otomana.

Turgut: ¡Pialí Bajá! ¡Hemos capturado 56 barcos!

Comandante Pialí Bajá: ¿Cuántos muertos?

Turgut: El número de muertos llegó a 18.000 y ordené que los decapitaran.

Comandante Pialí Bajá: ¡¿Por qué?!

Turgut: ¡Porque construiré una torre con estas cabezas cortadas!

El comandante Pialí Bajá se ríe.

El movimiento de cabezas comienza en el escenario

y la construcción de la torre, y el escenario se llena de soldados otomanos.

Fundido a negro gradual

Cuarta escena

Escena: El telón del escenario se abre con una iluminación gradual.

Al fondo pasa un funeral atravesando de un lado al otro, y los que llevan el ataúd repiten:

"No hay más dios que Alá, Mahoma es el mensajero de Alá".

El escenario se llena de fuerzas y líderes otomanos.

Se escucha la voz del narrador.

Narrador: El diecisiete de junio de 1565 d. C., Turgut fue martirizado en la batalla del asedio de Malta, y se decidió enterrarlo en Trípoli.

Murmullo de voces: "No hay más dios que Alá, Mahoma es el mensajero de Alá".

Fundido a negro gradual

Telón

Fuentes:

Primero: Fuentes árabes y turcas

1- Ahmed bin Abi Al-Diayaf, Ithafu Ahli-Zzaman Bi-Akhbari Moluki Tunes wa Aahdil-Aman: Investigación de un comité de la Secretaría de Estado, asuntos culturales y noticias. Publicación de la Secretaría de Estado, noticias y asuntos culturales, Túnez 1963

2- Algunas disposiciones relacionadas con las actividades de Turgut Reis en los documentos otomanos, de: Denizler Kahramani, Turgut Reis, Gamlica

3- Peri Reis; Republic of Turkey, Prime Ministry, Undersecretaryship of Navigation, Ankara, 2002

4- İsmail *Hakkı* Uzunçarşılı, Historia otomana,

volumen II, Prensa de la Fundación de Historia Turca, Ankara, 1995 d. C.

5- Ali Reda Saifee, Turgut Reis, Istanbul, 1910

6- Katib Shibli, Tuhfatul Kibar Fi Asfaril Bihar, , Istanbul, 1973

7- Kamal Zada , Turgut Reis, Novela, Publicaciones de la Biblioteca Nacional, Ankara, 1932

8- Revista de la Sociedad de Historia Otomana, Historia otomana Anjumni, grupo C, primer año, volúmenes 1-6, 1911

Segundo: Fuentes en inglés y francés

1- Antione Marie Grazini, dio una conferencia titulada "El pirata Turgut" en Girolata el 19 de julio de 2005

2- Ernle Bradford, The Great Siege, 4th edition, Hodder and Stoughton, London, U.K, 1968

3- Fernand Braudel, La Méditerranée et le monde méditerranéen à l'époque de Philippe II, 2 tomes, seconde édition revue et augmentée, librairie Armand Colin, Paris, 1966

4- Charles Monchicourt l'expédition espagnole de 1560 contre l' île de Djerba, Paris 1913

5- Kenneth M. Setton, the Papacy and the Levant (1204-1571), Volume IV, the sixteeth Century, Philadelphia, 1984

Fotos:

Primera foto de portada: Turgut.

- La isla de Djerba
- Gianetti Doria
- Jeireddín Barbarroja
- Andrea Doria
- Castillo de Mahdia, que muestra la isla de Djerba, con un canal de agua poco profundo
- Gian de la Valletti
- La torre de cabezas cortadas en la isla de Djerba

www.ingramcontent.com/pod-product-compliance
Ingram Content Group UK Ltd.
Pitfield, Milton Keynes, MK11 3LW, UK
UKHW021958190726
13853UKWH00004B/1602

9 789948 469285